CCSS **Género** Ficción

MW01049989

¿? Pregunta esencial
¿Qué nos gusta de la naturaleza?

El arte de la naturaleza

Diego Kochmann
ilustrado por María Mola

Capítulo 1 Picos nevados

Chuen y Lin son hermanos. Viven con sus padres en una ciudad muy grande. Allí hay edificios altos, muchos automóviles y fábricas. Mientras pasea por la ciudad con sus padres, Chuen dice:

—Estas fábricas llenan de humo la ciudad.

A él le gustan los árboles, los parques y las flores. Pero en la ciudad no se ven muy seguido.

Los niños estudian mucho en la escuela, por eso aprovechan los fines de semana para descansar y divertirse. Ese domingo se despertaron bien temprano. Sus abuelos los invitaron a ir de paseo a la montaña. Están muy entusiasmados.

—¡Niños, ahí llegan los abuelos! —dice mamá.

Los niños se despiden de los padres y salen a pasear con los abuelos. Durante el viaje, los niños cantan mientras miran el verdor del paisaje.

—¡Qué diferencia! —dice Lin—. En la ciudad es todo gris, y acá es todo verde.

—¿Y qué color te agrada más? —le pregunta la abuela.

—¡Por supuesto que el verde!

Al fin llegan y Chuen queda impresionado ante la montaña. Es enorme y tiene el pico nevado.

Al niño le fascina el contraste de los colores: el pico tan blanco y el cielo, que es como una enorme sábana celeste. Las aves se mueven como puntitos en el cielo. Chuen salta de alegría y dice:

—¡Me gusta mucho este lugar!

El rostro de Chuen expresa paz y armonía. La abuela se emociona al ver cómo disfruta de la naturaleza.

—Me parece que te gustaría quedarte aquí todo el día —dice la abuela.

—¡Sí! —dice el niño.

—No te preocupes. Podemos venir todas las veces que lo desees.

Todo verde

En la ladera de la montaña hay mucha vegetación con árboles grandes, arbustos y pastos altos.

—¡Cuantos verdes diferentes! —le dice Lin a su abuelo.

El abuelo le cuenta que él también venía de pequeño con sus padres a este lugar.

—Recuerdo que llegábamos a la mañana y luego almorzábamos unos ricos sándwiches. Después de almorzar, descansábamos un largo rato y regresábamos a casa recién cuando se iba terminando el día. ¡Qué bien que lo pasaba cada vez que venía aquí!

A Lin le encanta estar rodeada de tantos colores. Maravillada, corre por la pradera, de aquí para allá.

—¡Mira, abuelo! ¡Ahí!

<u>La niña señala unas ovejas.</u> Están muy tranquilas comiendo pasto. Son blancas como las nubes. Lin se acerca a las ovejas para acariciarlas, pero se alejan muy rápido. ¡Qué bellas son!

Detective del lenguaje	El punto en la oración subrayada, ¿es un punto y seguido o un punto y aparte?

La niña le dice al abuelo que le encantó ver las ovejas. El lugar le parece un lugar mágico, lleno de sorpresas.

—Tienes mucha razón, Lin, es un sitio maravilloso —dice el abuelo.

El abuelo le cuenta que la vida siempre nos da nuevas sorpresas y oportunidades.

—Es hora de irnos, se hace tarde —dice el abuelo—. ¿Dónde están tu hermano y la abuela?

El abuelo les señala el auto a los niños y les dice que es hora de regresar a casa.

—Espera un momento, abuelo —dicen los niños—. Déjanos mirar el paisaje desde aquí afuera por última vez.

El abuelo acepta con gusto. También dice que si quieren, pueden volver el próximo domingo.

Capítulo 3

Paisaje inspirador

De regreso, los niños observan el paisaje por las ventanillas del auto. A medida que se acercan a la ciudad, cambian los colores, ya no hay tanto verde y <u>hace</u> más calor. A lo lejos, se comienzan a ver las primeras casas con tejados grises.

—Ojalá las casas fueran verdes —dice Lin.

—Sí, habría que pintar las casas del color verde de las praderas —dice su hermano.

Detective del lenguaje	El verbo subrayado en esta página, ¿está conjugado en tiempo presente o en pretérito?

Chuen les cuenta a sus abuelos que está aprendiendo a tocar el violín. También les dice que al estar en las praderas le dieron muchas ganas de tocar su violín.

—Allí hay mucho silencio y el sonido se escucha mejor. ¿Por qué no llevas tu violín la próxima vez? Así también te escucharán los pájaros y las ovejas —dice la abuela.

—¡Yo también quiero escuchar! —dice Lin.

Todos ríen.

A Lin le encanta pintar paisajes y les
dice a los abuelos que el domingo siguiente
llevará sus pinceles y sus témperas. Así
podrá pintar las hermosas montañas que vio.
La abuela le promete que le comprará más
pinturas.

—Necesitarás gran variedad de colores
para tu cuadro —dice el abuelo.

Llegan a casa y saludan a sus padres.
Están muy entusiasmados por todo lo que
vieron. Les cuentan acerca de la montaña,
de la vegetación y de los colores tan bellos.
Al verlos tan contentos, la madre dice:

—El próximo domingo iremos todos juntos.

Los niños saltan de felicidad y corren
a abrazarla.

—Cuando sea grande, seré músico —dice Chuen.

—Y yo seré pintora —dice Lin.

El padre se alegra. Dice que será una familia de artistas. Y que cuando necesiten inspiración, ya saben adónde ir a buscarla.

—Por supuesto —contestan ambos—. ¡A la montaña!

¿A qué otro lugar, podríamos ir?

Respuesta a la lectura

Resumir

Usa detalles importantes del cuento para resumir *El arte de la naturaleza*.

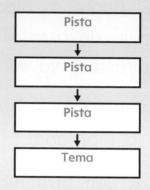

Evidencia en el texto

1. ¿Cómo sabes que *El arte de la naturaleza* es un cuento de ficción? Género

2. ¿Qué cosas de la naturaleza les gustan a Chuen y Lin al final del cuento? Tema

3. Encuentra el símil en la página 5. ¿Con qué se compara el cielo? Lenguaje figurado

4. Escribe sobre cómo se sienten los personajes con la naturaleza. Escribir sobre la lectura

Compara los textos

Lee un poema sobre una niña que está feliz con su árbol.

Gracias

Esteban Ruiz

Aquí estoy junto a mi árbol,

junto a mi árbol amado.

Es mi amigo y protector,

por eso disfruto a su lado.

17

Hay buena sombra bajo mi árbol,

bajo mi árbol verde y frondoso.

Juega mi árbol con el viento

y me da aromas deliciosos.

A mi árbol le digo gracias.

Gracias por ser tan puro.

Lo cuidaré cada día

para embellecer el futuro.

Haz conexiones

¿Qué le gusta de la naturaleza a la niña del poema? Pregunta esencial

¿En qué se parecen los niños de *El arte de la naturaleza* y la niña de *Gracias*? El texto y otros textos

Enfoque:
Elementos literarios

Repetición Repetición significa repetir un sonido, una palabra o una frase en un poema. Los poetas usan la repetición para hacer que un poema suene más interesante.

Lee y descubre En *Gracias*, en la página 17, se repite *junto a mi árbol* en los dos primeros versos. ¿Suena más interesante el poema con la repetición en esos versos?

Tu turno

Escribe tu propio poema corto sobre la naturaleza. Usa repeticiones al menos en dos formas: en un sonido, en una palabra, o en una frase u oración. Luego léele tu poema a un compañero o compañera.